Janosch

Wondrak und seine Freunde feiern Weihnachten

Janosch

Wondrak und seine Freunde feiern Weihnachten

Reclam

RECLAMS UNIVERSAL-BIBLIOTHEK Nr. 14579
2024 Philipp Reclam jun. Verlag GmbH,
Siemensstraße 32, 71254 Ditzingen

Für die Wondrak-Texte: Janosch in Zusammenarbeit
mit Tillmann Prüfer, ZEITmagazin

Umschlagillustration: Janosch
Druck und Bindung: Druckerei C.H.Beck,
Bergerstraße 3–5, 86720 Nördlingen
Printed in Germany 2024
RECLAM, UNIVERSAL-BIBLIOTHEK und
RECLAMS UNIVERSAL-BIBLIOTHEK sind eingetragene Marken
der Philipp Reclam jun. GmbH & Co. KG, Stuttgart
ISBN 978-3-15-014579-1
www.reclam.de

FSC www.fsc.org
MIX
Papier | Fördert gute Waldnutzung
FSC® C019821

Inhalt

Vorwort

Janosch, der wohl bekannteste deutsche Kinderbuchillustrator der Nachkriegszeit, hat sechs Jahre lang für das *ZEITmagazin* gezeichnet. Jede Woche lieferte er eine Illustration. Seine Bildergeschichten erzählten von Wondrak, einem Helden, der seine Abenteuer vor allem durch Gleichmut und Nichtstun besteht. Ich war damals Redakteur beim *ZEITmagazin* und erarbeitete die Stücke mit Janosch zusammen. Ich stellte eine Frage – und Janosch antwortete mit einer Zeichnung. Aber nicht aus jeder Idee von Janosch wurde nachher auch ein Bild. Von einem Vorschlag zu Weihnachten 2014 riet ich ab. Ich hatte ihm die Frage gestellt: »Herr Janosch, gibt es den Weihnachtsmann?«, und Janosch antwortete mir per E-Mail: »Manchmal ja und manchmal nein. Herr Wondrak zum Beispiel verkleidet sich als ein solcher, tritt an Wandas Bett und singt: ›Halleluja‹.« Die weihnachtliche Bettszene schaffte es nicht ins Magazin. Sie erzählt aber einiges über das Verhältnis von Janosch zu Weihnachten: Durchaus unchristlich – aber sehr sinnlich. Es geht ihm vor allem darum, dass Menschen glücklich miteinander sind.

Janosch hat mit seinem besonderen Stil die Kinderbücher in Deutschland und der Welt für immer verändert. Er ist untrennbar mit dem kleinen Bären und dem kleinen Tiger aus *Oh, wie schön ist Panama* (1978) verbunden. Er hat etwa 300 Büchern geschaffen, die in 40 Sprachen übersetzt wurden. Sogar das Bundesverdienstkreuz wurde ihm verliehen.

Als Zeichner und Geschichtenerzähler hat Janosch sehr viel gute Laune verbreitet. Dabei ist er selbst nie davon ausgegangen, dass die Welt ein fröhlicher Platz ist. Seine allererste Bildergeschichte, die er 1960 veröffentlichte, handelt von Valek, dem Pferd. Ein trauriges und einsames Pferd, das den Tod seines Besitzers beweint. Die Geschichte hat nicht einmal ein Happy End. Auch für sein eigenes Leben hatte Janosch oft kein glückliches Ende in Aussicht.

Seine Kindheit war lange gekennzeichnet von unmenschlicher Härte, aber auch von unschuldigen Träumen. Kurz vor seinem 85. Geburtstag hatte er seiner Biografin Angela Bajorek davon erzählt. Er wurde 1931 geboren im heute polnischen Hindenburg. Die Familie lebte in einer kleinen Wohnung, die von Tabakgestank erfüllt war. Seine Jugend beschrieb Janosch als eine Abfolge von Suff, Gewalt und Katholizismus. Es war ein ärmliches Leben, oft gab es nur Kohl zu essen. Nach dem Krieg,1946, floh die Familie zunächst nach Oldenburg, später ging es nach Krefeld. Damit begann für den Heranwachsenden die Freiheit. Ihm habe die chaotische Nachkriegszeit sehr gut gefallen, erzählte er. Und er betrachtete das Leben aus einer ganz besonderen Perspektive: Wenn man von ganz unten kommt, dann kann es nur noch bergauf gehen. Anfang der 60er-Jahre erzielte er mit seinen Geschichten erste Erfolge, schrieb für Zeitungen (auch für die *ZEIT*) später dann Kinderbücher.

Er wurde Hippie und seine Werke verkauften sich immer besser. In den 70er-Jahren gelang ihm mit den Geschichten von Tiger und Bär der Durchbruch.

Seine Bücher haben keinen pädagogischen Ansatz, aber ein großes Thema: Es geht um das Glück. Und zwar um ein besonderes Glück. Glücklich wird man bei Janosch nicht dadurch, dass irgendetwas Tolles passiert. Nicht dadurch, dass man sich irre verliebt, viel Geld gewinnt, König wird oder so etwas. Das Glück ist bei Janosch vielmehr der Moment, wenn alles gut ist. Wenn man mit anderen zusammen ist und keine drängenden Probleme hat, keine Schmerzen, keine Feinde, keinen Hunger. Das ist das Glück. Das Beste, das passieren kann. So wie der Schneemann die Eisenbahnzüge in der Ferne betrachtet, oder Tiger und Bär gemeinsam in ihrer warmen Stube sitzen. Mehr nicht. Mehr muss es aber auch nicht sein.

Bei Janosch findet man das Glück, indem man versteht, dass es schon da ist. Auch in Zeiten, die traurig sind. Man findet es, indem man einmal um die Ecke geht und etwas sieht, was man zuvor noch nicht gesehen hat. Vielleicht auch, indem man einem Vogel die Freiheit schenkt, so wie der arme Onkel Poppoff, der nicht viel besitzt, aber so viel gibt. Oder, indem man durch die kalte Welt zieht und danach einen warmen Ort findet, so wie der alte Korbinian zu Weihnachten. Oder, indem man sich über weiße Weihnachten freut, so wie der kleine Tiger in *Der Weihnachtsbär*. In solchen Momenten liegen die glücklichen Dinge. Und deswegen sind Janoschs Bücher auch für Erwachsene interessant. Oft ist die Moral von Kinderbüchern leicht durchschaubar und langweilig. Und sie handelt von einer Welt, an die die Erwachsenen selbst nicht mehr glauben: Du bist tapfer, und deswegen gewinnst du? So funktioniert es im Leben leider nicht. Du bist tüchtig, und deswegen bekommst du besonders viel? Vergiss es. Du bist ehrlich, und deswegen ist man gerecht zu dir? Eher nicht. Es wäre schön, wenn die Welt so wäre, aber tatsächlich läuft es nicht so. Sobald man herausgefunden hat, dass Kinderbücher lügen, haben sie jeden Reiz verloren. Bei Janosch hingegen gibt es keine einfache Moral. Es gewinnen nicht die Fleißigen, und für besondere Anstrengungen gibt es keinen besonderen Lohn. Alles bleibt eher beim Alten, im besten Fall.

Doch es gibt etwas anderes – und das sind die kleinen Dinge, das sind bei Janosch die vielen schönen Details. So sind die Häuser in seinen Geschichten oft mit Reet gedeckt, das im Winter unter einer dicken Schneedecke verschwindet. Wie Janosch einmal in einer TV-Dokumentation erklärte, sind es die Häuser aus der Gegend von Oldenburg, aus deren Schornsteinen es bei Frost und Kälte heimelig qualmte. Die Landschaft, die Janosch als Jugendlicher entdeckte, als er aus der tristen Heimat in eine neue Welt kam, wo alles neu und aufregend war. Und es gibt noch mehr zu entdecken. Eine Maus schläft unterm Küchentisch, an der Decke der Küche hat jemand einen Pilz zum Trocknen aufgehängt, Sterne stehen am Himmel, Fußstapfen sind im Schnee. Man sieht eine Schleife um eine Zimmerpflanze gebunden oder ein gerahmtes Bild mit einem Engel an der Wand. Das sind alles Dinge, die tröstend sind. Die einem in dem Moment, in dem man sie entdeckt, das Herz wärmen und einen mit der Welt versöhnen. Die Welt ist schlecht, ja. Aber es gibt in ihr auch so viel

Gutes zu entdecken, dass man aus dem Staunen gar nicht mehr herauskommt. Überall findest du Trost. Und Trost können wir doch gebrauchen, oder?

Eine andere Besonderheit von Janoschs Geschichten ist der Respekt, der allen seinen Figuren entgegengebracht wird. Bei Janosch sind die Charaktere nie maskenhaft. Die Guten sind nicht immer nur gut, und die Bösen sind nicht immer nur böse. Auch die ganz Gemeinen werden liebevoll gezeichnet. In einer von seinen frühen Geschichten, *3 Räuber und 1 Rabenkönig* (1969), heißen die fiesen Burschen Fobrokel, Spobrokel und der Linke. Es sind miese Halunken, aber sie haben die nettesten Namen, die man sich vorstellen kann. Und es wird auch gestorben bei Janosch: Tiere erfrieren im Schnee oder fressen andere Tiere, aber bei Janosch haben selbst Beutetiere ein Gesicht, sogar ein Fisch an der Angel hat Lippen und hübsche Augen mit Wimpern. Selbst im Tod kann man Würde beweisen, zeigt Janosch.

Ein drittes Merkmal von Janoschs Welt ist der Genuss, der immer wieder Thema ist. Bei Janosch gibt es die leckersten Dinge zu essen, wie die Küche des kleinen Bären zeigt: Da gibt es Springforelle mit Mandelkernsoße und Kartöffelchen. Oder Bouillon. Oder Waldpilze. Des Quasselkaspers höchstes Glück ist Erbsenpüree mit Zwiebelchen, und der Weihnachtsbär freut sich bei Frau Holle über französischen Rotwein. Wenn gegessen oder getrunken wird, dann schmeckt es herrlich. Und danach macht man es sich im Bett gemütlich. Oder es wird getanzt, Budenzauber mit Fidel.

Und Wondrak, der Held, ist die wohl glücklichste Figur, die Janosch je geschaffen hat. Er hat zwar nicht viel, eigentlich hat er fast nichts. Zum Glücklichsein braucht es bei

Janosch aber nicht viel. Genau genommen braucht man nichts. Außer dem Bewusstsein, dass es auch anders sein könnte, ganz oft sogar schlechter. Man betrachte nur Wondrak, wie er in seinem Lehnstuhl sitzt, die Beine auf dem Tisch, vor ihm steht ein kleiner Weihnachtsbaum. Nur einen Meter neben dem Lehnstuhl müsste Wondrak auf der harten Erde sitzen. Einen Meter unter dem Lehnstuhl wäre er glatt unter der Erde. Und noch weiter entfernt ist das Glück noch weniger zu finden: 50 Kilometer vom Lehnstuhl entfernt würde er vielleicht in irgendeinem Gewässer ertrinken. Und 50 Kilometer über dem Lehnstuhl wäre er schon im Weltall und würde wie ein Meteor davonsausen, in der Atmosphäre verglühen oder zerplatzen. Wenn man es genau nimmt, gibt es sehr viel Orte, die sehr viel weniger bequem sind als so ein Lehnstuhl. Und wenn man es in größeren Dimensionen betrachtet, in den Dimensionen des Universums, dann ist die Wahrscheinlichkeit, irgendwo im All in einem Lehnstuhl vor einem Weihnachtsbaum sitzen zu können, eigentlich schier unendlich klein. Wesentlich wahrscheinlicher wäre es, inmitten eines interstellaren Vakuums zu sitzen oder in einer heißen Gaswolke. Aber nicht gemütlich in einem Lehnstuhl.

Und irgendwann ist auch das vorbei. Man wird gestorben sein, sich wie der Schneemann aufgelöst haben in Wasser, wurde von einem Engel in eine Welt getragen, in der man nicht mehr friert. Aber eben noch nicht jetzt. Jetzt sitzt man, welch ein Glück, in diesem Lehnstuhl. Wo wollte man sonst sein? Und vor allem, warum sollte man aufstehen und einen anderen Ort suchen? Etwa den Bürostuhl am Arbeitsplatz? Das könnte in universalen Maßstäben ja höchstens eine minimale Verbesserung bringen, z. B., wenn man durch die Arbeit viel Geld verdient, um sich dann einen besser gepolsterten Lehnstuhl leisten zu können. Dann säße man noch etwas bequemer. Aber zu welchem Preis? Man hätte viel Zeit damit verbracht, unbequeme Sachen zu machen. Lebenszeit verschleudert, die doch so wertvoll ist. Die jederzeit vorbei sein kann.

Oder man findet das Glück wie der Quasselkasper. Es ist an einem Ort, wo es Erbsenpüree mit Zwiebelchen, ein Fußbad mit Moos und ein warmes Bett gibt: »Oh, welch ein Glück Sie haben, Sir, SIE HABEN ES GEFUNDEN. Das Glück wohnt bei mir und ich schenke es Ihnen«, sagt der glückliche Maulwurf zum Quasselkasper. Manchmal lässt sich das Glück auch verschenken oder teilen. Und dann sollte man zugreifen.

Janoschs Botschaft ist: Wenn man nicht wie Wondrak mit einem Lehnstuhl zufrieden ist, dann wird man mit dem weicheren wohl auch nicht zufrieden sein. Und wenn man sich nicht wie der Quasselkasper das Erbsenpüree schmecken lässt, dann wird einem das feine Weihnachtsmenü auch nicht besser schmecken. Man wird nie zufrieden sein, wenn man es nicht dort ist, wo man gerade ist. Das klingt einfach? Ist es aber nicht. Deswegen sind Wondrak und seine Freunde wie der Quasselkasper ja auch Helden, weil sie das können. Nicht nur an Weihnachten.

Tillmann Prüfer

Herr Janosch,
woran merkt man, dass es
Winter wird?

»Man geht einfach ins Münchner Hofbräuhaus. Wenn einem einer zuruft: ›Koalt is woarn, gell, Nachboar!‹, heißt das ungefähr: ›Es ist kalt geworden, gell, Herr Nachbar!‹ Dann kommt der Winter.«

Ein Geschenk für den Vogel

Nicht weit von Bobrek am Rande des großen Waldes steht ein altes, weißes Haus. Vor dem Haus in dem kleinen Garten wachsen Sonnenblumen, denn Sonnenblumen sind wichtig. Zum Beispiel an den Winterabenden! Die Kälte lauert vor den Türen, und die Zeit wird lang. Da sitzt man gemütlich hinter dem Ofen und wartet. Man nimmt einen oder zwei Sonnenblumenkerne zwischen die Zähne, schon vergeht die Zeit schneller und – das ist wichtig – man kann besser denken.

Der Mann, der in dem Hause wohnt – das ist der Onkel Poppoff. Er ist bloß ein einfacher Mann, aber Onkel Poppoff weiß von allem, was es bedeutet. Er versteht die Hasensprache, er kann lesen, was die Maikäfer auf die Baumblätter schreiben, er versteht, was die Raben mit ihren Flügeln an den Himmel kratzen, und kann – was für einen alten Mann nicht einfach ist – die Rotkehlchensprache pfeifen. Kommt durch Zufall einer an dem kleinen, weißen Haus vorbei, kann es sein, dass er jemanden pfeifen hört. Etwa so: »Tirilili tirilili tirililitirila, prülititi prü-

lititi prülititi prülita.« – Das ist die Rotkehlchensprache, und der sie pfeift, das ist der Onkel Poppoff.

Bald kam der Winter über das Land, und der Schnee deckte alles zu. Es war genau zu Weihnachten, da ging Onkel Poppoff auf den Vogelmarkt und kaufte einen Vogel. Einen Hänfling.

An diesem Tag war Onkel Poppoff ja allein. Und weil gerade Markt war im Dorf, zog er seine Handschuhe an, setzte seine Mütze auf und machte sich auf den Weg. Über die Felder, durch den Schnee, in das Dorf und auf den Markt.

In jedem Jahr stand an der gleichen Stelle auf dem Markt der Vogelhändler.

Onkel Poppoff stand lange vor den Käfigen und schaute hinein. Er schaute den Vögeln ins Gesicht, denn an den Augen konnte er erkennen, welchen Vogel er kaufen wollte.

»Der da! Was ist mit dem da?«, fragte er den Vogelhändler. Da saß in einem kleinen Käfig auf dem Boden ein kümmerlicher, grauer Vogel. Er schaute vor sich hin und bewegte sich nicht. Wie tot.

»Ist bloß ein Hänfling«, sagte der Vogelmann, »gewöhnlicher Vogel, singt nicht, piepst nicht, rührt sich nicht vom Fleck. Kostet nicht viel. Einsfuffzig mit Käfig – aber, und das sage ich ausdrücklich: ohne Garantie.«

»Käfig hab ich selber«, sagte Onkel Poppoff. »Ohne – was kostet er ohne?«

»Neunzig«, sagte der Mann, und Onkel Poppoff hatte auch bloß neunzig, die er gespart hatte.

Er sagte: »Nehm ich«, und der Mann steckte den Hänfling in den kleinen Käfig aus Holz, den der Onkel Poppoff in den Händen hielt.

»Ohne Garantie«, rief der Mann ihm nach, »das habe ich gesagt!«

Onkel Poppoff steckte den Käfig unter die Jacke, damit der Vogel nicht fror, und ging nach Hause.

Er blieb von Zeit zu Zeit stehen, blies warme Luft in den Käfig, nahm ein paar Sonnenblumenkerne aus der Hosentasche, biss sie auf und legte sie dem Vogel hinein.

Zu Hause machte er ein Feuer an, stellte den Vogel auf den Tisch, gab ihm Futter und Wasser, und als der Abend kam, saßen sie beide vor dem Feuer und lauschten, ob die Glockentöne schon über das Feld kamen.

Bald hatte sich der Vogel aufgewärmt, da hüpfte er herum und sang ein bisschen.

Die Nacht wurde immer tiefer, und es begann zu schneien. Es wurde still in der Stube, das Feuer fiel zusammen. Dann nahm der Onkel Poppoff den Käfig, trug ihn nach draußen, machte die Käfigtür auf und schenkte dem Vogel seinen Wald wieder.

In dieser Nacht träumte Onkel Poppoff von einem Glockenton, der in den Himmel geflogen war und ein Stern wurde.

Herr Janosch, wo verbringt man am besten den Winter?

»Wondrak fährt nach Rimini. Im Wohnzimmer. Er baut sein Riminizelt auf, heizt auf italienische 24 Grad hoch. Luise kocht Spaghetti mit ›Tunke bolognesi‹ von Maggi. Schmeckt nicht so schlecht, wie man denkt.«

janosch

Weihnachten laden alle Leute sich
Freunde ein, und nicht einmal das schlimmste
Wetter kann sie davon abhalten.

Jane Austen

Herr Janosch, was machen wir mit dem ersten Schnee?

»Gar nix machen Sie damit. Wondrak braucht gerade alles für sich, um damit einen Schneemann zu bauen,dreimal größer, als Leonardo den David gemacht hat. Danach können Sie ihn gerne haben, den Schnee.«

Ach lieber Schneemann

Hinter dem Haus des Eisenbahnbeamten Herrn Brumski stand im letzten Jahr, kaum war der erste Schnee gefallen, ein Schneemann mit Namen Willi.

Willi Schneemann!

Das Haus war rot. Aus dem Schornstein kam Rauch, und überall lag so viel Schnee. Dem Schneemann Willi gefiel es dort, denn es gab für ihn viel zu erleben.

Manchmal ging ein Hund vorbei. Jeden Tag krähte der Hahn um sechs Uhr; und auch mit Herrn Brumski und dessen Sohn Pipo vertrug er sich gut.

Und wenn er es sich genau überlegte, hätte er nie von hier fort gewollt!

Jeden Tag, wenn Herr Brumski auf dem Bahnhof war und wenn Pipo in der Schule saß, war Willi Schneemann allein.

Aber er war nicht einsam, denn die sieben Raben kamen vom Himmel und erzählten ihm die schöne Geschichte vom Schneekönig Alois dem Weißen. Der wohnt über den Wolken, im Schneeland, wo alles so weiß ist, dass man überhaupt nichts sieht. Dort war ja Willi Schneemann geboren.

Dann verkündeten die Raben den Schneewetterbericht:

»Kriwata, kriwata, kriweuch
der Schneekönig schickt uns zu euch.
Haltet euch fest, ihr lieben Leute!
Es weht der Wind von Osten heute.
Damit endet der Bericht
und wer nicht will, der glaubt ihn nicht.
Kräh Räh.«

Die sieben Raben waren seine Freunde, denn erstens war Schwarz seine Lieblingsfarbe und zweitens bekam er immer etwas Heimweh, wenn sie ihm von zu Haus erzählten, und Heimweh mochte er gern.

Manchmal gab es freilich drei Tage, an denen es nicht schneite, an denen die sieben Raben sangen:

»Kräwinkel, Kräwinkel, Meise und Specht,
der Schneewetterbericht ist heut ziemlich schlecht.
Es gibt keinen Schnee in den nächsten drei Tagen.
Wir können euch heute nichts Besseres sagen.
Kräh Räh.«

Für Schneemänner eine schlechte Zeit! Aber Willi Schneemann brauchte sich nicht zu grämen, denn am zweiten Tag kam der Müller, nahm etwas Mehl aus der Tasche und streute es dem Willi auf den Anzug. Das war schön.

Alle Leute im Dorf kannten ihn schon und konnten ihn gut leiden. Denn er hatte so ein freundliches Gesicht, richtete nie irgendwelchen Unfug an und stand friedlich immer an der gleichen Stelle. Wenn sie am Sonntag aus der Kirche kamen und noch miteinander redeten, sich Geschichten erzählten und jeder etwas Neues wusste, erzählten sie auch viel über Willi Schneemann. Aber keiner konnte ihm etwas Schlechtes nachsagen.

Willi konnte die Leute auch gut leiden.

Nur der Feuerwehrhauptmann Hunewild, der war ihm unheimlich. Immer wenn Herr Hunewild mit seinen Feuerwehrleuten vorbeiging, und sie trugen eine Leiter unter dem Arm, weil sie zu einer Feuerwehrübung mussten, dann wurde es dem Willi heiß. Dann musste er an Feuer denken. Die Wassertropfen traten ihm auf die Stirn; und die ganze Welt sah rot aus. War Herr Hunewild mit seinen Leuten weg, dann war Willi Schneemann vier Zentimeter kleiner geworden.

Was ihm aber am besten gefiel auf der Welt, das waren die Eisenbahnzüge, wenn sie in der Ferne vorüberbrausten und er sie singen hören konnte:

»Kadabr kadabr kadabr rada ... «

Sie brachten einen interessanten Geruch mit aus der weiten Welt, und mit der Zeit lernte Willi auch ihre Sprache verstehen. Da war beispielsweise der zweite Wagen des Achtuhrzweiundzwanzig-Zuges aus Paderborn!

Den mochte er besonders. In den hatte er sich verliebt; und auch der Waggon schaute immer zu ihm herüber. Er erzählte ihm vom Sommer, wenn er Bananen geladen hatte oder Zuckermelonen aus Tahiti. Wie freute sich Willi jeden Tag auf die Geschichte vom Sommer; denn wann bekommt ein Schneemann schon mal den Sommer zu sehen – doch nie!

Der Zug fuhr vorbei.

Der Qualm aus der Lokomotive blieb noch eine Weile hier, aber dann verschwand auch er.

Nun wohnte damals, ganz in der Nähe am Waldesrand, im Försterhaus der Oberförster Jakob Griebler. Seine Frau hieß Grete, seine Tochter Lea. Er hatte auch noch einen Sohn und der hieß Leo. Am zweiten Dezember hatte Lea Geburtstag.

»Einen Schneemann«, hatte sie zum Oberförster gesagt, »bitte könntest du mir einen Schneemann zum Geburtstag einladen. Er könnte doch im schönen Ohrenbackensessel sitzen, und einen Schneemann habe ich mir immer schon zum Geburtstag gewünscht.«

»Ach was, ach was!«, hatte der Oberförster gesagt. »Einen Schneemann zum Geburtstag ist doch Unsinn. Der bleibt nicht lange.«

Dann war er doch zu Willi gegangen, hatte ihm die Hand auf die Schulter gelegt und etwas mit ihm geredet.

Hatte gefragt, wie es ihm ginge, ob es ihm langweilig sei und überhaupt so alles.

»Am nächsten Donnerstag nämlich«, sagte der Oberförster, »hat meine Tochter Geburtstag. Waren Sie schon auf einem

Geburtstag? Nein. Sie, dann kommen Sie doch einfach bei uns vorbei, Lea wird sich freuen! Ach, lieber Schneemann, kommen Sie doch, ja?«

Und Willi sagte ja, denn auf einen Geburtstag hatte er immer schon mal gern gewollt. Und besonders bei kleinen Mädchen! »Ach ja«, sagte er, »aber ich bin nicht so gut zu Fuß, wissen Sie! Die Gicht und das Zipperlein und alles. Wegen der Kälte.«

»Ist schon gut«, sagte der Oberförster und freute sich, »ich hole Sie ab.«

Und am nächsten Donnerstag um drei war er wieder da. Willi hatte einen neuen weißen Anzug an, hatte fünf Eisblumen besorgt, und dann gingen sie los.

Sie stapften durch den Schnee, immer einen Fuß vor den anderen.

»Wie gefällt es Ihnen in unserer Gegend, Herr Schneemann?«, fragte der Oberförster.

»Gefallen?«, sagte Willi. »Na ja, ich kann nicht klagen. Ich finde es sehr interessant. Dieser Achtuhrzweiundzwanzig-Zug, wissen Sie, und dann der schöne Schnee. Doch, es gefällt mir gut.«

»Ach, lieber Schneemanns«, sagte Herr Griebler, »Sie könnten doch eine Weile bei uns wohnen! Wir haben ein nettes kleines Forsthaus, meine Frau kocht gut, und vor der Tür haben Sie die gesunde Waldluft direkt vor der Nase. Sehen Sie, dort ist es schon!«

Der Oberförster machte die Tür auf, und die Freude war über die Maßen groß. Die Oberförstersfrau winkte, Lea lachte, und dann halfen sie dem Schneemann über

die Schwelle. Sie führten ihn durch die Diele ins Wohnzimmer.

Es kamen noch vier Kinder zum Geburtstag. Da waren die Lea, der Leo, die Mimi, der Josef, der Wastel und der Frieder, der ein Sohn des Briefträgers Franz ist. Sie waren zusammen sechs Kinder, ein Oberförster, eine Oberförsterin und die Katze. Draußen noch zwei Hunde.

Die Teller reichten für acht, und die Eisblumen standen in einer Flasche. Die Frau des Oberförsters holte aus der Kammer den Geburtstagskuchen, und die Lea hatte den Ohrenbackensessel zum Ofen geschoben und gesagt:

»Ach, lieber Schneemann, hier! Setzen Sie sich doch, es ist Ihnen sicher sehr kalt, und wir haben extra für Sie geheizt.«

»O bitte nein«, sagte Willi, »nicht am Ofen! Es ist mir überhaupt nicht kalt, und ich friere bestimmt sehr gern, ehrlich!«

Und dann setzte er sich lieber in die Ecke.

Ein Wassertropfen stand ihm schon auf der Stirn.

Alle waren sehr aufgeregt und nicht zuletzt Willi der Schneemann.

»Kuchen, Herr Willi?«, fragte die Mutter. »Bitte mögen Sie Kuchen? Selbergebacken und noch ganz warm.«

»O danke bitte ja nein, nicht«, stotterte Willi, »ich esse am liebsten Schnee, wissen Sie.«

»Ja waaaaas!«, rief die Frau Försterin. »Immer nur Schnee?! Das wäre mir bei meinen Kindern gar nicht recht.«

Und schon kam eine schöne Unterhaltung in Gang. Jeder redete, keiner verstand ein Wort, und der Oberförster rauchte. Das war ein schöner Geburtstag. Als es sieben war, gingen alle Gäste nach Haus.

»Ach, lieber Schneemann«, sagte die Lea, »bleiben Sie doch noch ein bisschen, es macht uns keine Umstände, und wir haben Gäste sehr gern.« Und weil Willi kleinen Mädchen nicht nein sagen konnte, blieb er.

Sie hatten ihm einen bequemen Stuhl in das kleine Zimmer mit der roten Tapete gestellt, die Kinder waren ins Bett gegangen, der Herr Oberförster saß noch in seinem Studierzimmer und las in der Waldzeitung, und Frau Griebler setzte sich in die Küche und häkelte. Der Schneemann Willi war allein in dem Zimmer geblieben. Und damit er auch bestimmt nicht fror, hatte Lea zwei Scheite Holz in den Ofen gelegt, und um elf wurde es still im Forsthaus.

Mitten in der Nacht hatte Lea einen unruhigen Traum. Sie sprang aus dem Bett, lief in das kleine Zimmer und weckte dann den Vater und die Mutter.

Willi Schneemann war weg.

Davongelaufen,

Unter der Tür durch.

»Hat sich verduftet«, sagte der freche Leo.

Am nächsten Tag um Achtuhrzweiundzwanzig gingen sie alle zum Bahndamm. Aber dort war Willi Schneemann auch nicht.

»Siehst Du«, sagte der Oberförster, »ich habe es gleich gesagt; man kann doch einen Schneemann nicht zum Geburtstag einladen.«

Der Achtuhrzweiundzwanzig-Zug war vorbeigefahren, und sie sahen noch den letzten Wagen in der Ferne.

»Ich glaube«, sagte der Oberförster, »er ist nur verreist. Mit dem Achtuhrzweiundzwanzig-Zug. Im zweiten Wagen, den hat er so gern gemocht, hat er gesagt.«

Herr Janosch,
wie schützt man sich gegen Kälte?

»Man macht es wie ein Polarbär am Nordpol: Sich im Eiswasser wärmen. Ein Fußbad mit zwei Eiswürfeln pro Liter reicht schon – der Restkörper ist dann auf jeden Fall besser dran.«

Die Engel im Himmel singen mit Macht
Das Festlied: Stille Nacht, heilige Nacht.

Joachim Ringelnatz

Herr Janosch,
welchen Wintersport macht
man in den Bergen?

»Wondrak fährt Schlitten. Dann schläft er.
Erst hält er Winterschlaf,dann Sommerschlaf.
Wenn der Schlitten anfängt zu rutschen,
wacht er auf, denn dann ist wieder Winter.
Dann fährt er Schlitten.«

Der Bär und der Vogel

Es war einmal ein Bär, der lebte sieben Meilen weg von den Leuten, am Fuße eines Berges und bewohnte dort eine kleine, freundliche Höhle.

Im Sommer ging es ihm gut, verdiente er doch seinen Lebensunterhalt mit Bienenzucht und Honighandel, Beerensammeln und ähnlichen kleineren Arbeiten.

Auch mit den Waldleuten vertrug er sich gut, weil er leutselig war, auch niemals hinterlistig oder nachtragend, wenn ihn jemand im Spaß oder aus Versehen gehänselt hatte. Gemeinheit oder Bosheit war ihm fremd, und er war für die anderen Tiere so wie ein lieber Großvater. Sie kamen zu ihm und flüsterten ihre Sorgen in sein Ohr, der Bär sagte nie etwas weiter.

Auch im Winter ging es ihm nicht schlecht. Er hatte ja einen warmen Mantel aus Bärenfell, und er hatte kleine Vorräte in seiner Höhle angelegt, die fast immer ausreichten.

Er hatte Honig, etwas Espenlaub (was zerrieben, mit Pilzen und Schnee angerührt, mit Honig gesüßt, ein wunderbares Bärenmahl ergibt), und er hatte Baumblätter sauber gefaltet unter seinem Kopfkissen gesammelt,

auf denen er an langen Winterabenden die Geschichte vom Sommer lesen konnte.

Nur im letzten Winter, da war es besonders kalt. Der Wind hatte dem Bären den Schnee bis direkt vor das Bett geweht. Die Luft war wie kaltes Glas, und die Vögel fielen erstarrt in den Schnee. Und als die Heilige Nacht kam, stand der Mond kümmerlich und blass am Himmel.

Dem Bären war es so kalt wie noch nie, und er sagte sich: »Es ist so kalt, dass ich es nicht mehr aushalten kann. Ich werde jetzt in die Stadt gehen zu den Menschen. Vielleicht treffe ich einen Bekannten oder finde einen warmen Platz am Ofen oder jemand schenkt mir eine Brotsuppe. Heute ist die große Nacht, da sind die Menschen gut zueinander.«

Da hatte er auch recht.

Er rieb sich die Pfoten, ging vor die Höhle und rief in den Wald: »Geht jemand mit in die Stadt? Es gibt eine warme Brotsuppe und ein schönes Fest. Niemand?«

Bloß das Echo rief zurück: Niemand.

Da ging der Bär allein den Rehweg entlang, der ja geradeaus zu den ersten Häusern führt. Lieber wäre er nicht allein gegangen, denn der Weg ist besser, wenn man ihn zu zweit wandert. Manchmal blieb er deshalb stehen, hielt die Pfoten an die Schnauze und rief: »Niemand, der mitgeht in die Stadt? Es gibt ein großes Fest.«

Aber es kam keine Antwort.

Und als es immer kälter wurde und der Bär nach vorn fiel, in den Himmel sah und dann die Augen schloss, kam ein kleiner Vogel geflogen, setzte sich auf sein Ohr, pickte ihn und sagte: »Kalt ist es, Bär! Könntest du mich ein Stück tragen? Ich kann nicht mehr fliegen wegen der Kälte und ich würde dir ein bisschen vorsingen.«

Da stand der Bär auf, nahm den federleichten Vogel auf seine Schulter und sie gingen zusammen in die Stadt.

Während sie gingen, versuchte der Vogel ein Lied, so gut es bei der Kälte möglich war. Der Bär lauschte, der Sommer fiel ihm wieder ein, und er ging ganz vorsichtig, um die Melodie nicht zu verwackeln.

Es war schon mitten in der Nacht, als sie in die Stadt kamen. Hinter den Fenstern waren die Kerzen ausgebrannt, und die Leute waren unterwegs in die Kirche.

Der Bär ging hinter ihnen her und lauschte dem Lied, das der Vogel ihm ganz leise ins Ohr sang. In seinen Augen ging ein kleines Licht auf. Der Vogel sah es, wärmte sich daran und bald schnitt ihnen auch die Kälte nicht mehr so in die Beine.

Als sie an der Kirche ankamen, ließ der Küster

sie nicht hinein: »Bären und Vögel haben hier bitte keinen Zutritt. Das ist die Vorschrift. Auch kann ich keine Ausnahme machen, denn die Kirche ist überfüllt. Kinder und alte Frauen könnten sich ängstigen. Morgen oder Übermorgen geht es vielleicht, denn meistens bin ich nicht so streng.«

Das Letzte sagte er, weil heute Weihnachten war.

Aber dem Bären und dem Vogel war das egal. Sie froren nicht mehr und setzten sich neben die Tür. Der Himmel war ihnen wie ein großes Dach, und die Welt hatte keinen Anfang und kein Ende.

Kinder kamen vorbei und sagten zu ihren Müttern und Vätern: »Was ist dort mit dem Bären? Ist er ein verwunschener Prinz oder etwa der Bärenkönig persönlich?«

»Kein Prinz und kein König«, sagten die Eltern, »wir haben jetzt keine Zeit und morgen werden wir ihm etwas zu fressen bringen. Schluss jetzt!«

Als der Vogel immer leiser sang und der Bär sah, dass er die Augen zuhatte, verbarg er ihn vorsichtig und warm in seinen Pfoten und rührte sich nicht, um ihn nicht zu wecken. Auch dem Bären fielen bald die Augen zu, und er träumte das Lied zu Ende.

Inzwischen kamen die Leute aus der Kirche, gingen vorbei und nach Haus, denn das Fest hatte sie müde gemacht. Die Kirchentür wurde verschlossen, und der Küster hatte Feierabend.

Als die Nacht aber am höchsten war, kam ein Engel vorbei und trug die beiden zurück in einen Wald, in dem es niemals wieder so kalt wurde.

Herr Janosch, wie übersteht man den tristen Winter – seelisch?

»Mit einem Sprung ins Mittelmeer.
Wenn kein Mittelmeer zur Hand:
400 Liter Leitungswasser, 20 Kilo Salz,
ein Schuss Sonnenmilch – und zack!«

Herr Janosch, was stellt man mit dem ersten Schnee an?

»Sobald der erste Schnee fällt, filmt Wondrak
ihn mit seinem HD Camcorder. Das sind immer
recht schöne Erinnerungen für später mal.
Wie er so rieselte.«

Ich will Weihnachten in meinem Herzen ehren und versuchen, es das ganze Jahr hindurch so zu halten.

Charles Dickens

Janosch.

Herr Janosch,
bei Glatteis, wie bewegt man
sich da am besten?

»Elegant und kapriziös auf Schlittschuhen
zum Beispiel, wie eineTänzerin.
Kopfhörer am Ohr und dann: Walzer.
Johann Strauß oder so.
Tatamtata lalaaaa. Das ist ganz prima.«

Das kleine Mädchen mit den Schwefelhölzern

H. Chr. Andersen

Es war entsetzlich kalt, es schneite und der Abend begann zu dunkeln; es war der letzte Abend des Jahres. In dieser Kälte und Dunkelheit ging auf der Straße ein kleines armes Mädchen mit bloßem Kopf und nackten Füßen.

Als es das Haus verließ, hatte es freilich Pantoffeln angehabt. Aber was half das?

Es waren sehr große Pantoffeln, die seine Mutter bisher getragen hatte, so groß waren sie; und die Kleine verlor sie, als sie über die Straße huschte, weil zwei Wagen schrecklich schnell vorüberrollten.

Der eine Pantoffel war nicht wiederzufinden, mit dem andern lief ein Junge fort; er sagte, er könne ihn als Wiege gebrauchen, wenn er selbst Kinder hätte.

Da ging nun das kleine Mädchen auf den nackten kleinen Füßen, die rot und blau vor Kälte waren. In einer alten Schürze trug es eine Menge Schwefelhölzchen und ein Bund davon in der Hand.

Niemand hatte ihm den ganzen langen Tag etwas abgekauft, niemand hatte ihm einen kleinen Schilling geschenkt; hungrig und verfroren schlich es einher und sah so verschüchtert aus, das arme kleine Mädchen! Die Schneeflocken bedeckten sein langes, blondes Haar, das sich so hübsch im Nacken lockte; aber daran dachte es nun freilich nicht.

Aus allen Fenstern glänzten die Lichter und es roch in der Straße herrlich nach Gänsebraten; es war ja Silvesterabend, und daran dachte es. In einem Winkel zwischen zwei Häusern, von denen das eine etwas weiter in die Straße vorsprang als das andere, setzte es sich hin und kauerte sich zusammen. Die kleinen Füße hatte es an sich gezogen, aber es fror noch mehr, und nach Hause zu gehen wagte es nicht. Es hatte ja keine Schwefelhölzchen verkauft und nicht einen einzigen Schilling bekommen, sein Vater würde es schlagen.

Kalt war es zu Hause auch; über sich hatten sie nur das Dach, durch das der Wind pfiff, wenn auch die größten Spalten mit Stroh und Lumpen zugestopft waren.

Die kleinen Hände waren beinahe vor Kälte erstarrt. Ach! Ein Schwefelhölzchen konnte ihm wohl gut tun, wenn es nur ein einziges aus dem Bunde herausziehen, es an die Wand streichen und sich die Finger erwärmen dürfte.

Es zog eins heraus, »ritsch!«, wie sprühte, wie brannte es! Es war eine warme, helle Flamme, wie ein kleines Licht, als es die Hände darüber hielt. Es war ein wunderbares Licht! Es schien dem kleinen Mädchen, als säße es vor einem großen, eisernen Ofen mit blanken Messingkugeln und einer Messingtrommel. Das Feuer brannte so schön und es wärmte so gut!

Das kleine Mädchen streckte schon die Füße aus, um auch diese zu wärmen – da erlosch die Flamme, der Ofen verschwand, es hatte nur den kleinen Rest des abgebrannten Schwefelhölzchens in der Hand.

Ein neues wurde angestrichen, es brannte, es leuchtete, und wo der Schein auf die Mauer fiel, wurde diese durchsichtig wie ein Schleier. Es konnte gerade in die Stube hineinsehen, wo der Tisch mit einem weißen Tischtuche und feinem Porzellan gedeckt war, und herrlich dampfte die gebratene Gans, mit Äpfeln und getrockneten Pflaumen gefüllt.

Und was noch prächtiger war, die Gans sprang von der Schüssel herunter und wackelte auf dem Fußboden, Messer und Gabel im Rücken, gerade auf das arme Mädchen zu.

Da erlosch das Schwefelhölzchen und nur die dicke, kalte Mauer war zu sehen.

Es zündete noch ein Hölzchen an. Da saß es nun unter dem herrlichsten Weihnachtsbaum, der noch größer und geputzter war als der, den es am Heiligabend durch die Glastür bei dem reichen Kaufmann gesehen hatte.

Tausende von Lichtern brannten auf den grünen Zweigen, und bunte Bilder, wie sie an Schaufenstern zu sehen waren, sahen herab.

Das kleine Mädchen streckte die Hände danach aus – da erlosch das Schwefelhölzchen.

Die Weihnachtslichter stiegen höher und höher und es sah sie jetzt als helle Sterne am Himmel. Einer von ihnen fiel herunter und bildete einen langen Feuerstreifen am Himmel. »Jetzt stirbt jemand!«, sagte das kleine Mädchen, denn die alte Großmutter, die Einzige, die gut gewesen und nun gestorben war, hatte ihm erzählt, dass, wenn ein Stern vom Himmel herunterfällt, eine Seele zu Gott emporsteigt.

Es strich wieder ein Hölzchen an der Mauer an, es leuchtete ringsumher, und in dem Glanze stand die alte Großmutter, so klar, so schimmernd, so mild und liebevoll. »Großmutter!«, rief die Kleine. »Oh! Nimm mich mit! Ich weiß, du bist fort, wenn das Schwefelhölzchen erlischt, du verschwindest wie der warme Ofen, wie der herrliche Gänsebraten und der große, prächtige Weihnachtsbaum!«

Und es strich schnell den ganzen Rest der Schwefelhölzchen an, der noch im Bunde war, denn es wollte die Großmutter recht festhalten. Und die Schwefelhölzchen leuchteten mit einem solchen Glanze, dass es heller wurde als am hellen Tage.

Großmutter war früher nie so schön, so groß gewesen. Sie nahm das kleine Mädchen auf ihre Arme und sie flogen in Glanz und Freude so hoch, so hoch; und dort oben war weder Kälte noch Hunger, noch Angst – sie waren bei Gott.

Es ist wieder einmal Weihnachten,
und die Kinderschar lebt in goldenen Träumen,
bis das im Leben so seltene Wunder eintritt,
dass diese Träume in dem Weihnachtsbaum
verkörpert vor ihnen stehen.

Theodor Storm

Herr Janosch,
wie kommen die Tiere auf den Straßen mit der Winterkälte zurecht?

»Wondrak lädt die armen Hunde, Katzen und Mäuse und Esel in den Straßen auf einen Teller Suppe ein. Vorher muss er aber gut heizen, sonst kommt kein Schwein.«

Herr Janosch,
was macht man, wenn einen eine Kältewelle erwischt?

»Man macht es wie Wondrak: Man versucht, mit einem Bettlaken so viel von dem kalten Wind einzufangen, wie nur geht. Dann trägt er einen überallhin – wo es auch logischerweise wärmer ist.«

Janosch

Die Liebe will immer Weihnachten feiern,
will anzünden und angezündet werden,
sich beleben, beschenken und behangen
werden mit Sternen ....

Else Lasker-Schüler

Herr Janosch, freuen Sie sich schon auf Weihnachten?

»Weihnachten mit seinen Gaben
Ist das Schönste, was wir haben!«

Herr Janosch,
gibt es eine Alternative
zum allwinterlichen
Glühwein?

»Ein Fußbad aus Fichtennadeltee. Man kann den Fichtennadeltee auch trinken. Wenn man dann noch eine Wärmelampe und ein Heizkissen hat, ist alles gut. Am besten passt dazu ein Fußbad aus Glühwein.«

Der Quasselkasper findet das Glück

Ein Weihnachtsmärchen

An einem hundserbärmlich kalten Tage – und es schneite obendrein, dass du den Fuß nicht sehen konntest, nicht einmal die Hand vor der Kaspernase – trippelte der Quasselkasper von Wasserburg auf seiner Reise durch die Welt die Landstraße entlang, kaum dass er die Beine noch bewegen konnte. Seit fünf Tagen keinen Bissen Brot zwischen den Zähnen gehabt und Käse schon gar nicht.

Und seit sieben Tagen kein warmes Quartier für die Nacht.

Was für ein gotterbärmlich armseliges Leben, fürwahr.

»Ich werde voraussichtlich ziemlich sicher sterben«, sprach er zu sich.

Ein kurzer Satz für einen, der so gern spricht. *Quasselt*, sagt man, aber sagen wir lieber: spricht.

Er war also auf dem Weg durch die Welt und auf der Suche nach dem Glück des Lebens, und wenn er keinen Wegkameraden hatte, redete er mit sich selbst, nun aber

hatte er seit acht Stunden nicht mehr. So erbärmlich stand es um ihn.

Obendrein war heut' Weihnachten.

Und nicht einmal ein Nachtquartier.

»In der nächsten Kurve lege ich mich aufs Moos und scheide dahin.

Ade, du Welt, nun muss der Kasper sterben, hatte kein Glück und auch kein Geld, und niemand wird was erben.«

Kaum hatte er den Schnee vom Moos geschaufelt, denn auf Moos wollte er sterben und nicht auf dem kalten Schnee, denn Moos darf ein Kasper vom harten Leben doch wohl verlangen als letzten Wunsch. Oder nicht?

Ja.

Da roch er von irgendwoher Erbsensuppe.

»Oh, Erbsensuppe und möglicherweise sogar Püree ...«

Seine Leib- und Magenspeise.

Sofort fühlte er wieder Leben in seinen Beinen, rutschte den Abhang hinunter, denn er glaubte fest an Wunder. Schon gar erst recht an Erbsenpüreewunder, kam zu einem kleinen Haus, tief verschneit, aber mit Licht hinter dem Fenster und Rauch aus dem Schornstein ...

... UND ERBSENPÜREE in der Luft.

Zu riechen.

Er klopfte, rief:

»Ist da wer, welcher einen armen Wandersmann speisen möchte?«

Und einer rief von innen:

»Oh, eine Kasperstimme, treten Sie näher, Sir, nehmen Sie Platz an meinem Tischlein, es gibt sofort Erbsenpüree mit gebräunten Zwiebelchen, und der Ofen ist gut geheizt. Ich bin ein wenig kurzsichtig, weil ich ein blinder Maulwurf bin, wo ist Ihre Pfote? Reichen Sie mir doch diese zum Gruße.«

Der glückliche Maulwurf.

Blind. Natürlich blind, weil ein Maulwurf nicht sehen muss. Weil er unter der Erde haust, da ist kein Licht.

Was nicht muss, das muss nicht.

Der Quasselkasper reichte ihm die Hand, der Maulwurf führte ihn zu dem Tisch, und sie speisten zusammen – so fein hatte der Quasselkasper zeit seines Lebens nicht gegessen. »Ihre Fußbeine, Sir! Legen Sie diese in dieses wunderbare Badewasser, das braucht der Mensch.«

Der Maulwurf hatte Schnee auf dem Ofen geschmolzen und ein warmes Fußbad in einem Eimer bereitet. Etwas Moos hineingebröselt, fragte aber den Quasselkasper nicht, wo er herkomme, wohin er ginge. Denn was spielt das schon für eine Rolle, wenn es kalt ist.

Doch der Quasselkasper erzählte von allein, war er doch froh, einen gefunden zu haben, dem er etwas erzählen konnte:

»Quasselkasper. Mein Name ist Quasselkasper von Wasserburg. Ein wenig von Adel.

Auf dem Weg durch die Welt und auf der Suche nach dem Glück.«

»Oh, welch ein Glück Sie haben, Sir, SIE HABEN ES GEFUNDEN. Das Glück wohnt bei mir und ich schenke es Ihnen.«

Verdammt, ja, dachte der Quasselkasper. Fühlte noch einmal den wunderbaren Geschmack des Erbsenpürees auf der Zunge und das Fußbad an den Beinen. Und dachte dieses Mal eher leise und in sich:

»Verdammt ja, Erbsenpüree mit Zwiebelchen. Mehr gibt es nicht für einen Kasper.«

Nie schlief der Quasselkasper so selig wie in dieser Nacht im Bett des glücklichen Maulwurfs. Der hatte es ihm überlassen und schlief selbst auf dem Boden.

Herr Janosch,
wie schmücken wir das Haus
im Advent?

»Wondrak schmückt einfach Luise,
die ist ohnehin schon das Schönste im Haus.
Eine Perlenkette für 129 Euro, etwas Grün
und ein paar Kerzen – perfekt!«

Herr Janosch,
was soll man sich zu
Weihnachten wünschen?

»Socken. Denn wenn der
Weihnachtswunsch bescheiden ausfällt,
macht man sich dauerhaft beliebt.«

Janosch

Die reinste Freude, die man an einer geliebten Person finden kann, ist die, zu sehen, dass sie andere erfreut.

Johann Wolfgang Goethe

Rasputin der Lebenskünstler

Manchmal in der Weihnachtszeit
sind alle Häuser tief verschneit.
Um Lieselottes Haus zu finden,
muss Rasputin sich lange schinden,

zur Zweisamkeit im Kerzenschein.
Doch hier scheint er wohl falsch zu sein.

Zur Weihnachtszeit, wenn alle rennen
und die Lichterkerzen brennen,

malt Rasputin für diese Feier
aus Freiheitsgründen Ostereier.

Als Speise für den Weihnachtstisch
bringt Vater einen Weihnachtsfisch.

Nur! steht nicht überall geschrieben:
»Kinder, ihr sollt die Tiere lieben.«

Die Kinder sind – man weiß es längst –
doch zehnmal schlauer, als du denkst.

Sie wissen auch – und haben recht –
der Weihnachtsmann ist selten …
… echt.

Herr Janosch, soll man an Heiligabend singen?

»Wondrak selbst singt nicht mehr. Aber er lässt sich von Luise ›Stille Nacht‹ direkt ins Ohr singen. Das ist so schön, danach müssen beide weinen.«

Die Sterntaler

Gestern stand in der Zeitung:

Wie aus Madrid verlautet, gelang es Interpol, die beiden seit drei Jahren gesuchten Geldfälscher und Falschmünzer Erich Flimmer und Max Habedas, die in der Unterwelt unter den Namen Flimmer-Erich und Moneten-Maxe bekannt sind, in einer Gartenlaube zu verhaften.

Wie bis jetzt bekannt wurde, soll Flimmer, der sich bis zu seinem siebzehnten Lebensjahr als Amateurbastler in seiner Heimatstadt Groningen einen Namen gemacht hatte, durch einen Rechenfehler auf eine kosmische Formel gestoßen sein, die es ihm ermöglichte, durch ein einfaches Magnetverfahren kleinere Sterne vom Himmel zu holen.

Zur Aufklärung des Falles kam es, als fast sämtliche Sternwarten des oberen Erdballs feststellten, dass ständig kleinere Sterne und Sternbilder vom Himmel verschwanden.

Es wurde beobachtet, dass sich vermeintliche Sternschnuppen alle auf einen Punkt hin bewegten.

Interpol gelang es, diesen Punkt zu orten.

Er wird angegeben als eine Art Gartenlaube in den mittleren Pyrenäen in der Nähe eines Dorfes, das aus sechs Häusern besteht.

Die Laube diente den beiden Unterweltlern als Werkstatt und Schlupfwinkel. Die Sterne wurden durch einen kleineren Stratotrichter hinter der Laube auf einen Amboss geleitet und von den beiden mit einem Hammer platt geklopft.

Dabei zog sich Flimmer-Erich ein Augenleiden zu, wonach es ihm – soweit verlautet – ständig vor den Augen flimmern soll.

Dieses Verfahren, Geld zu fälschen, wird in Fachkreisen als »Sterntalerverfahren« bezeichnet.

Bei der Vernehmung gab Erich Flimmer zu, durch einen Rechenfehler auf die Formel gestoßen zu sein.

Max Habedas jedoch behauptete, vor etwa vier Jahren einem alten Mann eine Hose geschenkt zu haben, seitdem wären ihnen die Sterne sozusagen von alleine in den Schoß gefallen.

»Vielleicht«, so Habedas, »ist dieser Mann der liebe Gott gewesen.«

Herr Janosch, gibt es den Weihnachtsmann?

»Aber ja, es gibt ihn! Er wohnt unter dem
unverdächtigen Namen Franz Witulski
in einem Dorf. An Weihnachten verteilt er
in den Straßen kleine Geschenke.
Er trägt aus Gründen der Tarnung keinen Bart.«

Die Bärenweihnacht

In dem einen Jahr, da geschah es, dass der alte Korbinian zu Weihnachten ganz allein war. Seine Freunde waren weg, und niemand hatte zu ihm gesagt: »Du kannst doch ganz einfach zu uns kommen. Ja, komm doch zu uns, wir warten, bis du kommst.« Und so war der alte Korbinian allein geblieben. Er hatte auch kein Holz mehr zum Heizen, und es fror ihn an den Händen.

»Ich werde vielleicht über die Felder gehen«, sagte er zu sich, »das macht warm.« Und er ging an den Häusern vorbei, aus der Stadt hinaus bis zu der Böschung, von wo aus man den Fluss sehen kann. Er ging so vor sich hin und merkte mit einem Mal, dass jemand neben ihm ging. Ein Fuchs! Sie gingen eine Weile nebeneinander her, und keiner fragte den anderen, woher oder wohin. Bald sah der alte Korbinian, dass auch noch fünf Krähen und zwei Hasen, sieben Waldmäuse und ein Wiesel mitgingen. Und sie gingen nebeneinander und setzten einen Fuß vor den andern, und keiner sagte ein Wort, denn Tiere sind wortkarg. Erst bei der Buche beim kleinen Wald kratzte ihn der eine Hase am Bein und sagte in der Hasensprache: »Ob Sie mich, bitte schön, tragen könnten,

Herr Korbinian? Ein kleines Stück bloß. Nicht weit. Ich bin auch gar nicht schwer. Hasengewicht. Meine Beine – wissen Sie, mir ist so kalt. Auch bin ich nicht mehr der Jüngste.«

Da nahm Korbinian den Hasen auf die Schulter. Bald krochen die Waldmäuse in seine Taschen und das Wiesel unter seine Jacke. Dann nahmen auch die größeren Tiere die kleineren auf den Rücken, weil ihnen die Beine wehtaten. Sie waren zusammen schon vierundsechzig Waldtiere, elf Vögel und ein Hund aus einem fremden Dorf. »Ein kleines Stück bloß noch«, flüsterte das Wiesel dem Korbinian ins Ohr, »wir gehen nämlich zum Bären. Bei ihm ist es warm, und heute ist doch die große Nacht. Der

Bär ist der König.« Ich weiß schon, manche denken, es gäbe gar keine Bären. Aber in solchen Nächten gibt es doch Bären!

Der Bär war böse. »Wer ist der Mensch? Wo habt ihr ihn her, wer hat ihn mitgebracht? Noch nie war ein Mensch hier, nie!« Da setzte sich ein kleiner Hänfling auf die Bärenschulter des Königs und sang ihm ins Ohr: »Ich, bitte schön, Herr König. Ich kenne ihn. Er ist der Korbinian. Ich kenne ihn sogar persönlich. Sie wissen schon, er hat mich im vorigen Jahr auf dem Vogelmarkt gekauft und freigelassen. So etwas tat vorher noch niemand. Das ist eine Tat, Herr Bär, und ich lege für ihn meine Flügel ins Feuer, wenn Sie wollen. Meine Familie und ich haben den ganzen Sommer das Lied von dem wunderbaren Mann gesungen, Sie werden sich vielleicht erinnern. Er soll, bitte, bleiben.«

Da drängten sich die Stadtmäuse nach vorn und riefen: »Ja, ja! Das stimmt! Er ist der Korbinian. Wir kennen ihn gut. Wir haben immer sein Brot unter uns geteilt. Jeder die Hälfte, ganz ehrlich. Er ist ein guter Mensch, Herr König. Und wo sollte er überhaupt hingehen, wenn Sie ihn wegschicken? Wo denn hin?« – Da wurden die Augen des Bären ganz hell, und er wischte sich mit der Pfote über die Schnauze und sagte: »Er bleibt.«

Die Tiere setzten sich um den Bären, und ihre Augen sahen aus wie klares Wasser. »Macht die Lichter an, Freunde!«, sagte der Bär, und die Adler flogen zu den Sternen und putzten sie mit ihren Flügeln blank. Das war eine Nacht, die so groß war, dass den Korbinian die Erde nicht mehr unter den Füßen drückte. »Und was habt ihr mir zu sagen, Tiere?«, fragte der Bär. Ein Hamster trat vor, knöpfte seinen Pelz auf und sagte: »Hier ist ein Schmetterling, Herr König. Ich habe einen Schmetterling vor dem Erfrieren gerettet.« Er legte ihn dem König zur Probe auf die Pfote, damit er ihn spüren konnte, und steckte ihn dann vorsichtig wieder unter die Pelzjacke. Da hörte Korbinian, wie jemand neben ihm flüsterte: »Der Mann! Vielleicht hat der Mann Hunger.« Und er merkte, wie ein Eichhörnchen ihm seinen Nussvorrat in die Tasche steckte. Heimlich, und alle Nüsse geknackt. Er probierte die Nüsse, sie waren so wie früher, als er noch nicht allein war. Hinter dem Rücken verteilte er sie weiter an die Waldmäuse. Und er hörte, wie jemand sagte: »Vielleicht friert es den Korbinian.« Da legten sich die Hasen auf seine Füße und wärmten ihn. Der Bär deckte ihn mit seinem Fell zu, und Korbinian sah den Himmel, und die Sterne waren gar nicht mehr weit. Und der Hamster flüsterte ihm ins Ohr: »Ich könnte dir meinen Schmetterling schenken, wenn du magst. Ich selber brauche ihn ehrlich nicht.«

Der Hänfling setzte sich ganz nah bei seinem Gesicht nieder, und als er den Schnabel auf seinen Schnurrbart legte, da träumte der alte Korbinian vom lieben Gott.

Herr Janosch,
was soll man sich zu
Weihnachten wünschen?

»Luise wünscht sich von Wondrak ein kleineres Mittelklasse-Auto mit Automatik. Und Wondrak wünscht sich von Luise, dass sie sich dieses nicht wünscht. Und alles ist gut.«

Alles still! Es tanzt den Reigen
Mondenstrahl in Wald und Flur,
Und darüber thront das Schweigen
Und der Winterhimmel nur.

Theodor Fontane

Morgen kommt der Weihnachtsbär

Noch eine Rosine bis Weihnachten, und der Tiger ist ein alter Hallodri

In der Nacht hatte es geschneit, und das Haus, in dem der kleine Tiger mit dem kleinen Bären wohnte, war bis zum Dach im Schnee versunken. Der Ofen bullerte, die Stube war schön warm, und in der Speisekammer lagen Vorräte für den ganzen Winter.

»Wie viele Tage noch bis Weihnachten?«, fragte der kleine Tiger den kleinen Bären.

»Neunzehn«, sagte der kleine Bär.

»Woher weißt du das so genau?«

»Maja Papaya hat gestern gesagt: zwanzig. Inzwischen hast du eine Nacht geschlafen. Also nimmt man von zwanzig eins weg, dann sind es heute neunzehn.«

»Woher weiß sie das so genau?«

»Weil ihr Vater, was der Oberförster Pribam ist, vorgestern ge-

sagt hat: einundzwanzig. Dann wurde eine Nacht geschlafen – eins weg – bleibt zwanzig. Ist doch ganz einfach.«

»Ja«, sagte der kleine Tiger, »das ist doch ganz einfach.« Und nach einer Weile:

»Und neunzehn, wie viel ist neunzehn?«

»Nimm einmal an, hier liegen neunzehn Erbsen. Dann ist jede Erbse ein Tag. Bis Weihnachten neunzehn Tage. Jeden Tag eine Erbse gegessen, bis keine mehr bleibt – dann ist Weihnachten.«

»Ja«, sagte der kleine Tiger und nickte mit dem Kopf, »das versteh ich.« Und nach einer Weile: »Himbeeren. Würde es auch mit Himbeeren gehen?«

»Schon. Aber wir haben keine Himbeeren, weil es im Winter keine Himbeeren gibt. Nur Himbeerkompott, und das geht nicht. Es klebt auf dem Tisch.«

»Hm. Oder Mandeln. Zum Beispiel gezuckerte kandierte Mandeln. Würde das zu machen sein?«

»Wäre zu machen, haben wir aber nicht, weil sie erst zu Weihnachten auf den Teller kommen. Gezuckerte Mandeln sind eine geheime Weihnachtsüberraschung.«

»Aber einfache, ganz gewöhnliche zuckersüße große Rosinen sind doch keine geheime Weihnachtsüberraschung. Die könnten auch gehen?«

»Würden auch gehen.«

»Dann leg sie doch mal auf den Tisch.«

Der kleine Bär legte also neunzehn ganz gewöhnliche zuckersüße große Rosinen auf den Tisch. »Das zeigt: In neunzehn Tagen und Nächten ist Weihnachten.«

»Schööön«, rief der kleine Tiger und kroch unter den Tisch, weil er nachdenken musste.

»Angenommen, es wären nur neun Rosinen …?«

»Dann wäre Weihnachten in neun Tagen. Bei vier Rosinen in vier Tagen. Jede Rosine ist ein Tag. Verstehst du mich?«

»Logisch versteh ich dich, ich bin doch nicht dumm«, rief der kleine Tiger und ging jetzt in der Stube hin und her, als wäre er der Dichter Goethe.

»Und bei zwei?«

»Dann wären es zwei Tage bis Weihnachten.«

»Das versteht sogar eine Mücke«, erklärte der kleine Tiger und ölte die Räder seiner Tigerente. Nachmittags spielte der kleine Bär auf der Flöte das Lied vom Schneeflöckchen, das als Weißröckchen dahergeschneit kommt. Der Tiger lauschte andächtig. Und abends gingen sie schlafen. Am nächsten Morgen, kaum war es ein wenig hell geworden, weckte der kleine Tiger den kleinen Bären und rief: »Noch ein Tag bis Weihnachten, Bär. Wach doch mal auf!«

»Wer sagt das?«

»Du hast es gesagt! Weil hier, auf dem Tisch – zähl doch mal die Rosinen nach!«

Da lag eine Rosine.

Na, mein lieber Tiger, was bist du doch für ein alter Hallodri!

Frau Holle wohnt nicht mehr wie einst, und der Weihnachtsbär ist ein wenig ratlos

Draußen wurde es wärmer, und der Schlamm war weggetrocknet. Nur leider schneite es nicht mehr. Es war fast wie Frühling, beinahe blühten die Blumen.

»Wenn Heiligabend kein Schnee liegt«, sagte der kleine Tiger, »verliere ich die ganze Weihnachtsfreude und Lebenslust, das sag ich dir.«

Noch elf Tage bis Weihnachten.

»Dann schreib doch auf den Wunschzettel an den Weihnachtsbären einfach Schnee. Sofern du schreiben kannst«, sagte der kleine Bär. »Natürlich kann ich sofern schreiben. Ich kann mit ziemlicher Sicherheit noch soferner schreiben, als du denkst«, rief der kleine Tiger.

Und er schrieb:

Geliebter Weihnachtsbäää!

Ich wünsche mier an erster Stelle
dringend Schneh.
Weiß tu, was ich meine?
Es soll schneien auf Teufel komm raus,
bis die Erde versingt.
Dann fernerhin bestelle ich:
1 Paar Fausthandschuhe mit einer Schnuuu zum
Aufhängen um den Halz, das ich sie nicht verlieren kan.
Dan 1 Schlachtel Zuckernüsse mit Zimtgeschmak.
Dann 2 Stügg Schlittschuhen mit 2 Stügg passende

Fußschuhen, 1 passende Mütze, 1 passenden Halsschal dazu, alles in Rot oder Lila, jedoch nicht mit Punkten gemustert, sondern mit Streifen.

Tschario
Dein Tiger

Du kennst mich doch hoffentlich? Ich bin der eine von dem Bär mit dem Tiger.

Den Zettel steckte er in die Fensterritze. Dann kam der kleine Bär dran mit seinem Weihnachtswunschzettel. Er schrieb auf das Papier:

Ich wünsche mir nichts. Also so gut wie nichts – nur eine fetzige Krawatte, welche farblich gut zu mir passen soll, und einen schönen Fingerring für meinen Daumen mit einem Diamanten, der braucht nicht echt zu sein. Und zwei künstliche Fliegen zum Fischefangen und für meine Küche eine Hängelampe.
Ende. Bär

Und steckte es auch in die Fensterritze.

Der Weihnachtsbär kam vorbei, holte die Zettel, las und wackelte bedenklich mit dem Kopf. Dann brummte er: »Kann ich alles besorgen – nur Schnee?

Wie soll ich Schnee machen? Das ist nicht meine Sache. Ich bin ja nicht ganz allmächtig. Früher machte die Frau Holle den Schnee, indem sie ihre Betten schüttelte. Lang hab ich nichts mehr von ihr gehört, und das Wetter macht jetzt das Wetteramt im Fernsehen.«

Er stapfte grummelnd davon. Ging zu dem Haus, in dem einst Frau Holle wohnte.

Damals war er gut befreundet mit ihr, sie hatten manch schöne Stunde zusammen verbracht, hatten nicht selten gut getafelt, auch die Betten geschüttelt und Schnee gemacht und sich sogar geküsst.

Das Haus war zerfallen, und ein Nachbar, der Wolf, erzählte, sie sei verheiratet und wohne nun in der Stadt.

»Hat einen geheiratet, der bei der Wettervorhersage beim Fernsehen arbeitet und Goffio Nasentüte heißt. Der hat sie nur genommen, damit sie ihm das Wetter macht.

Und er spielt damit beim Wetterdienst den großen Willi, weil er der Einzige ist, der es richtig voraussagen kann. Bekommt dafür beim Fernsehen noch das höchste Gehalt. So ein Mensch ist doch eine miese Sau, oder was sagst du?«

Der Wolf war ein schlauer Bursche. Nur wo sie wohnte, das wusste er nicht. Da hatte der Weihnachtsbär für die nächsten elf Tage mächtig zu grübeln, wie er dem kleinen Tiger Schnee zu Weihnachten beschaffen sollte.

Goffio Nasentüte ist nicht zu Hause, dann küsst Frau Holle den Weihnachtsbären, und es schneit von oben

Der Weihnachtsbär hatte Frau Holle bald gefunden, denn im Telefonbuch gab es nur zwei Nasentüten. Von denen hieß der eine Matthäus Nasentüte und der andere Goffio Nasentüte.

»Nicht alles ist so einfach im Weihnachtsdienst«, brummte der Weihnachtsbär.

»Hätte die Holli einen Müller geheiratet, wäre sie unauffindbar. Acht Seiten Müller stehen im Telefonbuch.«

Er nannte sie damals »Holli«, war ihr Kosename.

»Zweifußstraße 13«, stand da. Auf dem Stadtplan leicht zu finden. Er klingelte in der dritten Etage.

»O Mann, der Bär!«, rief Frau Holle, schloss ihn in ihre Arme, beküsste ihn wie einen verlorenen Hund und zog ihn in die Wohnung.

»Komm näher, du altes wackeliges Haus, wo kommst du her, wo gehst du hin, was machst du hier, wo warst du so lang gewesen, sei ruhig, sag nichts, ist ja alles ok. Ich bereite dir ein Festmahl wie einst. Der Nasentüte hat, dem Himmel sei Dank, Nachtdienst und ist nicht zu Hause, du alter Wanderesel. Und dann machen wir uns ein paar schöne Stunden wie einst im Wald, weißt du das noch – o Mann!«

Was war das damals doch für eine schöne Zeit! Sie machte das Wetter, und er machte Weihnachten und hatte ansonsten das Jahr über frei.

»Hast du auch Wein, Holli? Rotwein am liebsten. Aus Frankreich, wenn möglich?«

»Ich habe immer drei Flaschen für dich in Reserve, du altes Haus, wie damals im Wald, weißt du noch?«

Er wusste noch.

Und sie tranken Wein und schmausten wie die Götter. Nur war das damals im Wald und jetzt in der dritten Etage.

Beim Nachtisch, Vanillepudding mit Himbeersirup, sagte der Weihnachtsbär:

»Rate mal, was ich brauche, Holle? Errätst du nicht.«

»Errate ich«, sagte Frau Holle, »Schnee.«

»Richtig«, sagte der Weihnachtsbär. »Und warum?«

»Einer hat sich den gewünscht.«

»Richtig«, sagte der Weihnachtsbär wieder. »Und zwar, weil er denkt, du machst immer noch den Schnee.«

»Jajaja«, Frau Holle nickte ein paarmal mit dem Kopf, »und in Wahrheit mache ich ihn auch. Nur anders, nix mehr Betten schütteln. Wir haben keine Federbetten mehr. Schafwolle mit Wildseide gemischt ... Damit kann ich keinen Schnee schütteln.«

»Aber du kannst doch Schnee für den Tiger machen, oder?«, rief der Weihnachtsbär und sah sehr besorgt aus.

»Natürlich mache ich immer noch den Schnee, du alter Saubär. Nur mache ich ihn jetzt anders.«

Zuerst hätte der Weihnachtsbär gerne gewusst, wie sie denn heutzutage den Schnee macht, aber dann war es ihm auch wieder egal. Hauptsache, der kleine Tiger bekäme seinen Schnee. Also fragte er nicht weiter. Und sie sagte ihm nicht, dass sie jetzt den Schnee galaktisch digital kosmogen oder so ähnlich machte. Ein Geheimnis der magischen Frauen. Holli sagte nur noch:

»Alles ist heute nicht mehr so, wie es war. Die Welt geht immer weiter, nichts bleibt auf ewig stehen. Heute ist es so und morgen ganz anders. Alles ist im Fluss und fließt durch die Zeit. Was gestern hier war, ist morgen längst weg.«

Der Weihnachtsbär ging dann spät in der Nacht fort, ein bisschen schwankend und nachdenklich. Aber das kam bestimmt nicht vom französischen Rotwein. Er brummelte nur: »Ist doch egal, ob das gestern oder morgen oder galaktisch durch die Zeit fließt. Hauptsache, der kleine Tiger bekommt seinen Schnee. Ist ja in Ordnung, wie es ist, ich sag ja gar nichts.«

Und von oben fiel in schönen Flocken weißer Schnee, endlos viel. Noch sechs Tage bis Weihnachten, dann wird alles zugedeckt sein.

Herr Janosch,
soll man Weihnachten mit
Baum feiern?

»Wenn der Baum zum Fest kommt, gerne.
Die meisten Bäume aber habenWurzeln,
sind wenig mobil und als Gäste ungeeignet.
Wondrak feiert mit Luise und einer Kerze
auf einem weißen Teller. Er muss
aber sauber sein.«

Herr Janosch, gibt es Alternativen zum Weihnachtsbaum?

»Ja. Einmal schmückte Luise versuchsweise Wondrak, als wäre er derWeihnachtsbaum. Das war total gut.«

Herr Janosch,
was macht man mit
Weihnachtsgeschenken,
mit denen man
nichts anfangen kann?

»Auf keinen Fall umtauschen. Wondrak lagert sie im Keller ein. Dann kann man sie zu Hochzeiten verschenken. Viele Dinge werden umso besser, je länger sie lagern. Bücher von Simmel etwa. Die kann jeder brauchen.«

Weihnachten ist der stillste Tag im Jahr,
da hörst du alle Herzen gehn und schlagen
wie Uhren, welche Abendstunden sagen:
Weihnachten ist der stillste Tag im Jahr.

Rainer Maria Rilke

Über Janosch

Als Horst Eckert 1931 in Zaborze (Polen) geboren, zog es Janosch zunächst nach Paris und München, ehe es ihn in den 1980ern nach Spanien verschlug, um dort in der Hängematte liegend die Sonne zu genießen. Als einer der erfolgreichsten und bekanntesten deutschen Kinderbuchautoren wurde er mehrfach ausgezeichnet, u.a. mit dem französischen und dem deutschen Kinder- und Jugendbuchpreis. Viele seiner Bücher erschienen in mehreren Sprachen und wurden millionenfach verkauft. Seit 2021 mischt sich Janosch mit *Wondrak für alle Lebenslagen* und vielen weiteren Titeln unter die Klassiker von Reclams Universal-Bibliothek.

Verzeichnis der Texte und Druckvorlagen

JANE AUSTEN (1775–1817)
25 Weihnachten laden alle Leute
Aus: *Emma*. Übers. von Ursula und Christian Grawe. Stuttgart, 2022. S. 137.

CHARLES DICKENS (1812–1870)
54 Ich will Weihnachten
Aus: *Der Weihnachtsabend*. Übers. von Hans-Christian Oeser. Stuttgart, 2023. S. 95.

THEODOR FONTANE (1819–1898)
115 Alles still! … 117
Aus: *»Alles still!«* In: Sämtliche Werke. Bd. 6. München: Carl Hanser, 1959–1975. S. 321.

JOHANN WOLFGANG GOETHE (1749–1832)
87 Die reinste Freude
Aus: *Aus meinem Leben. Dichtung und Wahrheit*. 3. Teil. Tübingen 1814. S. 20.

JANOSCH (d. i. Horst Eckert, geb. 1931)
Wondrak
Aus: ZEITmagazin **14** Ausg. 52/2016; **22** Ausg. 4/2014; **26** Ausg. 6/2014; **38** Ausg. 7/2014; **42** Ausg. 4/2015; **50** Ausg. 9/2015; **52** Ausg. 49/2015; **56** Ausg. 4/2016; **66** Ausg. 4/2017; **68** Ausg. 50/2014; **72** Ausg. 53/2013; **74** Ausg. 52/2014; **82** Ausg. 51/2016; **84** Ausg. 53/2017; **98** Ausg. 52/2015; **105** Ausg. 53/2014; **112** Ausg. 51/2015; **130** Ausg. 53/2016; **132** Ausg. 53/2018; **134** Ausg. 3/2016.

– © Zeitverlag Gerd Bucerius GmbH & Co. KG/Janosch film & medien AG.

17 Ein Geschenk für den Vogel
Aus: *Onkel Popoff kann auf Bäume fliegen.* München 1964. S. 38–40.

29 Ach lieber Schneemann
Aus: *Ach lieber Schneemann.* Schwäbisch Hall / Zürich 1986.

45 Der Bär und der Vogel
Aus: *Das große Janosch Buch.* Weinheim 2001. S. 52–54.

59 Das kleine Mädchen mit den Schwefelhölzern
Aus: *Die große Janosch Märchenkiste.* Gifkendorf 2016. S. 53–60. – © Janosch / Little Tiger Verlag GmbH, Gifkendorf 2016, www.little-tiger.de.

77 Der Quasselkasper findet das Glück
Aus: *Die große Janosch Märchenkiste.* Gifkendorf: Little Tiger Verlag, 2016. S. 67–75. – © Janosch / Little Tiger Verlag GmbH, Gifkendorf 1995, www.little-tiger.de.

89 Rasputin der Lebenskünstler
Aus: *Rasputin. Das Riesenbuch vom Vaterbär.* Zürich 1986. S. 39, 40, 71, 101 f.

101 Die Sterntaler
Aus: *Die große Janosch Märchenkiste.* Gifkendorf: Little Tiger Verlag, 2016. S. 37–40. – © Janosch / Little Tiger Verlag GmbH, Gifkendorf 1995, www.little-tiger.de.

107 Die Bärenweihnacht
© Janosch / Little Tiger Verlag GmbH, Gifkendorf 1995, www.little-tiger.de.

117 Morgen kommt der Weihnachtsbär
Aus: *Morgen kommt der Weihnachtsbär.* Stuttgart 2022. S. 29–33, 64–67, 88–91. – © Janosch / Little Tiger Verlag GmbH, Gifkendorf 1995.

ELSE LASKER-SCHÜLER (1869–1945)

71 Die Liebe will immer
Aus: *»Der Weihnachtsbaum«.* In: Berliner Börsen-Courier. Expreß-Morgen-Ausgabe. 25. Dezember 1932. 3. Beilage. S. 13.

RAINER MARIA RILKE (1875–1926)

137 Weihnachten ist der stillste Tag
Aus: *»Weihnachten ist der stillste Tag im Jahr«.* In: Sämtliche Werke. Hrsg. vom Rilke-Archiv. In Verbindung mit Ruth Sieber-Rilke. Besorgt durch Ernst Zinn. 6 Bde. Bd. 3: Jugendgedichte. Wiesbaden / Frankfurt a. M. 1955–1966. S. 755 f.

JOACHIM RINGELNATZ (d. i. Hans Bötticher, 1883–1934)

41 Die Engel im Himmel singen
Aus: Das Gesamtwerk in sieben Bänden. Bd. 2. Hrsg. von Walter Pape. Zürich: Diogenes, 1994. S. 261.

THEODOR STORM (1817–1888)

65 Es ist wieder einmal Weihnachten
Aus: Th. S. / Ernst Esmarch: *Briefwechsel.* Krit. Ausg. In Verb. mit der Theodor-Storm-Gesellschaft hrsg. von Arthur Tilo Alt. Berlin: Erich Schmidt Verlag, 1979. S. 132.